LIGABUE
SOGNI DI ROCK'N'ROLL

SCENEGGIATURA DI NICHOLAS CIUFERRI
DISEGNI DI SIMON PANELLA

UNPLUGGED
Becco Giallo

La strada non conta

di Federico Poggipollini

Credo si possa dire che la storia artistica di Luciano Ligabue faccia parte anche della mia vita di musicista.

Nel 1990 ero a Settignano, vicino a Firenze, e stavo provando con i Litfiba. Era il periodo di *El Diablo*. Ricordo che durante le pause andavamo sempre in un'osteria (un *pizzicagnolo* che, in realtà, è qualcosa di ancora diverso). Era un posto caratteristico e irreale al tempo stesso, dove noi eravamo di casa e sintonizzavano la tv sempre su Video Music, la nostra MTV. Fu lì che sentii per la prima volta *Balliamo sul mondo*, un rock fresco con un bel suono in stile U2. Ciò che mi colpì maggiormente fu il suono della voce di Luciano, quel tono basso e ruvido come carta vetrata.

Nel giro di pochi anni divenni il suo chitarrista. Dal 1994 sono l'unica persona ad aver ininterrottamente suonato con lui. Sono tante le vicende e le storie che conosco, ho vissuto fuori e dentro alle canzoni, ai tour e alle registrazioni live e in studio: viaggi in furgone, in macchina, in treno, in aereo, tra Italia, Europa e nei cinque continenti.

In questa graphic novel non c'è solo la storia di un uomo, di quel Luciano Ligabue che rappresenta una generazione, ma c'è la generazione stessa che lo ha – e ci ha – seguito in questi anni, con tutti i suoi riferimenti culturali, ed è da lì che questo fumetto inizia. C'è il chiaro riverbero di riviste come *Frigidare,* nelle quali Filippo Scozzari, Andrea Pazienza e Tanino Liberatore usarono un linguaggio completamente nuovo per raccontare l'atmosfera pesante della Bologna del '77, ma anche di *Dylan Dog* e di *Alan Ford,* o di un film muto in cui le movenze del corpo raccontano di più delle stesse parole.

Questo libro mi ha trasportato di nuovo nei primi anni '90, ricordandomi quel momento della carriera di Luciano in cui lui usciva da un periodo particolare. Per tutti, quello fu l'inizio. Cominciò un ciclo che sono felice di vivere ancora oggi. Ci sono immagini che mi entusiasmano ancora, sia perché le ho vissute in prima persona, sia perché le ho sentite raccontare più e più volte in questi ventisette anni, da amici o da persone vicine a Luciano.

Tutti questi disegni si sommano (e talvolta si sovrappongono), andando a diventare parte integrante della mia memoria.

L'unicità della storia di Luciano è, e continua ad essere, eccezionale. È importante che sia narrata perché, come ogni racconto di viaggio, *la strada non conta e quello che conta è sentire che vai.*

LIGABUE
SOGNI DI ROCK'N'ROLL

A Damien, con il mondo da scoprire.
A Francesca, un passo dopo l'altro, insieme.

Nicholas

I due si studiano a vicenda.
– Tu sei *tu*, giusto? – chiede Jasper.
– Immagino di sì, – risponde John Lennon.
– Ti sto cercando da quando sono arrivato.
– Congratulazioni, allora. Io stavo cercando...
Ha bisogno di un'imbeccata.
– Cosa, John?
– Qualcosa che ho perso, – dice il cantante dei Beatles.
– E che cos'è che hai perso, John?
– La mia cazzo di testa, amico.

— David Mitchell, *Utopia Avenue*

CORSE FINITE AL MATTINO
COL CUORE CHE BATTE IN UN MUCCHIO DI SABBIA
SIAMO QUI ANGELO DELLA NEBBIA
GUARDACI, BUTTACI SOLO UN PO' DI COLORE

C'È CHE TANTO BENZINA CE N'È
UNO FA IL BATTERISTA
L'ALTRO IL CHITARRISTA
TU BASSO
TASTIERE
IO VOCE
BELLI I SOGNI DI ROCK 'N ROLL, MA LA BENZINA CI DEVE ESSERE VERAMENTE ALTRIMENTI RIMANI A PIEDI!!!
PERÒ CHE SERATA...

TERREMOTO ROCK
GIURIA

MARIO, È APERTO?
NO!!!

DOVE AVETE SUONATO IERI?
UN CONCORSO, TRE CANZONI: *SOGNI DI ROCK'N'ROLL*, *EROI DI LATTA* E, SOPRATTUTTO, *BAR MARIO*.
BELLE?
MARIO, TI HO REGALATO LA CASSETTA MESI FA, QUELLA CON SCRITTO *ORAZERO*, TI HO PURE CITATO...
COMUNQUE PRENDIAMO IL CAFFÈ, POI DOBBIAMO RECUPERARE LA MACCHINA NEI CAMPI.

NON L'HO ANCORA SENTITA.
MA QUANTE CANZONI TI HANNO DEDICATO?
PARLI CON ME O CON DIO?
MAGARI UN GIORNO LA DEDICO ANCHE A LUI, MAGARI MI DÀ PIÙ SODDISFAZIONI DI TE. COMUNQUE IL CONCORSO L'ABBIAMO VINTO E LE DOBBIAMO INCIDERE.
ALLORA È MEGLIO CHE RECUPERATE LA MACCHINA CHE SE VI FREGANO PURE GLI STRUMENTI, VI VOGLIO VEDERE!

L'HO SENTITA, MA TI PARE CHE NON L'HO SENTITA?
LIGABUE E ORAZERO

VVVRRROOOOMMM

SICURA?
SÌ...
E ALLORA SALVIAMOCI LA PELLE!
VERSO CHE COSA ANDIAMO?
BE', QUESTO NON SI SA, PERÒ SAPPIAMO BENE COSA NON C'ERA QUA.

ARCI
CHI FA I SUONI STASERA?
UNO DI CORREGGIO, MUSICISTA PURE LUI.
QUELLO CHE CANTA LO CONOSCI?
MAI SENTITO, MA PARE SIA BRAVO...
CIAO RAGAZZI, SONO LUCIANO, A BREVE MI METTO AL LAVORO, OK?

RING
RING
RING
RING
RING
LUCIANO, MOLLA TUTTO E VIENI QUI, CI DOBBIAMO PREPARARE!
MAIO, MA SONO AL LAVORO! GIÀ IERI HO FATTO TARDISSIMO E SONO INDECENTE. PER COSA CI DOBBIAMO PREPARARE POI?!
STASERA DEVI SUONARE I TUOI PEZZI A CASA DI PIERANGELO BERTOLI.
PRENDI PER IL CULO?
MAI STATO PIÙ SERIO.
ARRIVO!

MA DA SOLO?
SÌ, LUCIANO, MI È SEMBRATO VERAMENTE DISPONIBILE.
LUCIANO, NON VAI SUL PALCO, STAI RILASSATO... CHE CHITARRA PORTI? LA MORRIS?
NO, QUELLA CHE MI HA REGALATO MIO PADRE, MAGARI QUESTO È UN NUOVO INIZIO!

QUESTA LA VOGLIO PER IL MIO PROSSIMO DISCO, ME LA FARESTI INCIDERE?
ANZI, LA INCIDIAMO INSIEME, VIENI IN STUDIO CON ME.

SOGNI DI ROCK'N'ROLL
SOGNI DI ROCK'N'ROLL
SOGNI DI ROCK'N'ROLL
E GUAI A CHI CI SVEGLIA
SOGNI DI ROCK'N'ROLL
E COSÌ SIAMO QUI
SIAMO QUI SIAMO
SOGNI DI ROCK'N'ROLL
QUI GIÀ LE QUATTRO E SIAM QUI SIAMO QUI SIAMO
SOGNI DI ROCK'N'ROLL SOGNANDO IL MEGLIO
QUI FINESTRINI SOCCHIUSI SU STRADE INDIFESE DAI NOSTRI PESANTI PESANTI HP

QUI LA RITMICA MANCA DI GROOVE, IL SOLO DI CHITARRA È TROPPO LUNGO E LE FRASI SONO UN PO' FUORI.
LUCIANO... NOI SUONIAMO PER HOBBY, È OVVIO CHE TU HAI ALTRE INTENZIONI. SECONDO NOI DOVRESTI TROVARE UN'ALTRA BAND.
TI ABBIAMO PROCURATO IL CONTATTO DI GIGI CAVALLI COCCHI, È IL BATTERISTA PIÙ BRAVO DELLA PROVINCIA.
GRAZIE PER LA SINCERITÀ... E PER TUTTO IL RESTO.
E ADESSO BISOGNERÀ INIZIARE DI NUOVO...

MA IO TI CONOSCO BENE, ERO NELLA GIURIA DI TERREMOTO ROCK.
IO TI HO SENTITO IN UN PAIO DI LIVE.
I PEZZI CI PIACCIONO, MA SECONDO NOI HANNO BISOGNO DI UN ARRANGIAMENTO DIVERSO.
OTTIMO, DIREI CHE CI SERVE UN BASSISTA!
CONOSCI LUCIANO GHEZZI? È UN NOSTRO AMICO E UN OTTIMO BASSISTA, ABBIAMO GIÀ PARLATO CON LUI ED È DISPONIBILE.
ALLORA... QUANDO INIZIAMO?
PRENDE QUOTA IL RITMO DELLA NOTTE
FRA TAMBURI E CANTI DI GURU
E SOTTO, SOTTO, SOTTO, SOTTO, SOTTO, SOTTO
C'È QUEL MOVIMENTO CLANDESTINO
DI CANTINE BLUES.

PRONTO?
SONO ANGELO CARRARA, IL PRODUTTORE DI PIERANGELO. MI HA DATO DELLE TUE CANZONI, DOBBIAMO PARLARE. SAI DOVE È IL MIO UFFICIO?
ARRIVO SUBITO!

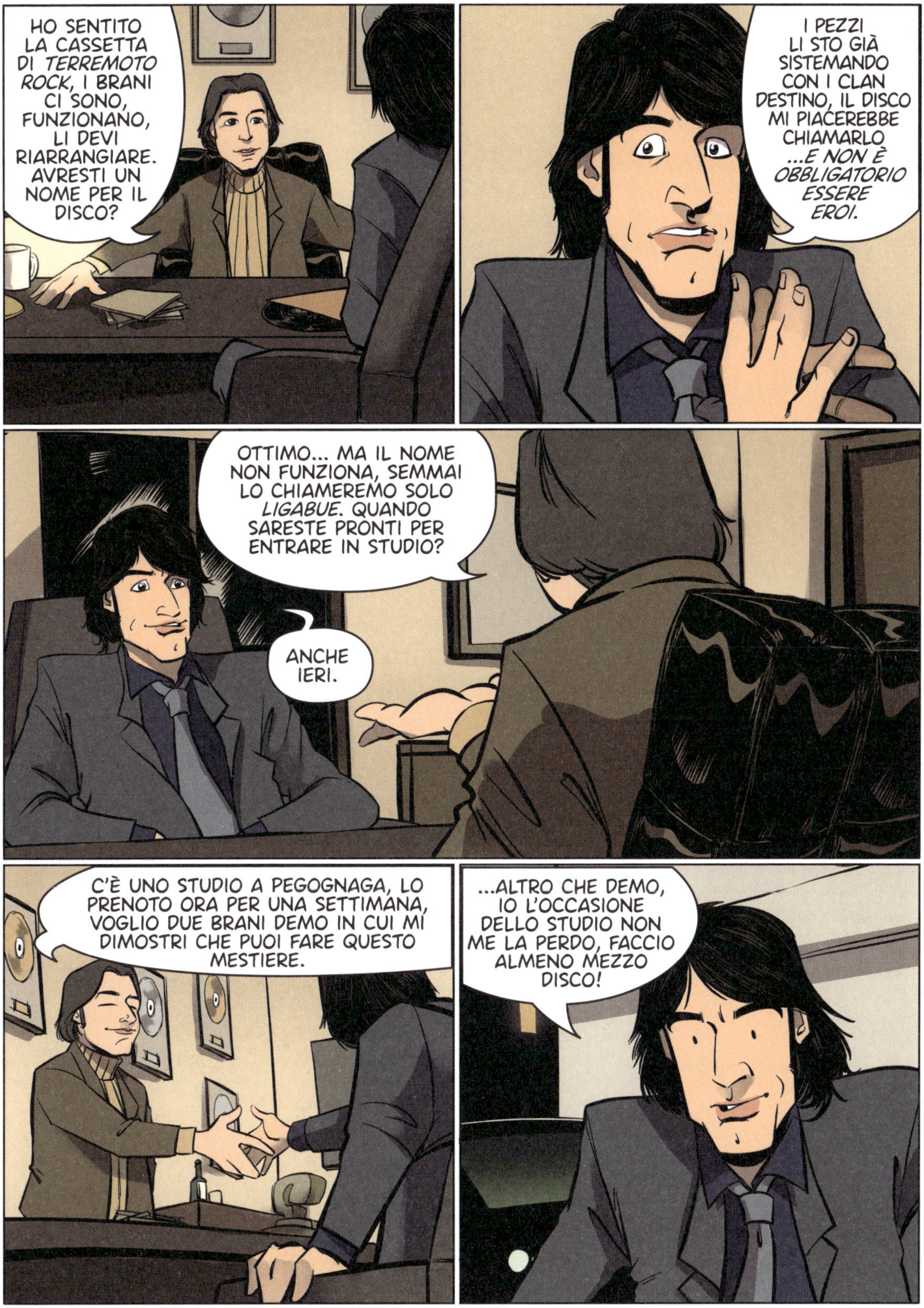
HO SENTITO LA CASSETTA DI *TERREMOTO ROCK*, I BRANI CI SONO, FUNZIONANO, LI DEVI RIARRANGIARE. AVRESTI UN NOME PER IL DISCO?
I PEZZI LI STO GIÀ SISTEMANDO CON I CLAN DESTINO, IL DISCO MI PIACEREBBE CHIAMARLO *...E NON È OBBLIGATORIO ESSERE EROI.*
OTTIMO... MA IL NOME NON FUNZIONA, SEMMAI LO CHIAMEREMO SOLO *LIGABUE*. QUANDO SARESTE PRONTI PER ENTRARE IN STUDIO?
ANCHE IERI.
C'È UNO STUDIO A PEGOGNAGA, LO PRENOTO ORA PER UNA SETTIMANA, VOGLIO DUE BRANI DEMO IN CUI MI DIMOSTRI CHE PUOI FARE QUESTO MESTIERE.
...ALTRO CHE DEMO, IO L'OCCASIONE DELLO STUDIO NON ME LA PERDO, FACCIO ALMENO MEZZO DISCO!

EROI DI LATTA, EROI
CHE ARRUGGINISCONO
EROI DI LATTA, EROI
CHE NON SI REGGONO
EROI DI LATTA, EROI
CHE SI CONSUMANO,
EROI DI LATTA

LUCIANO IL TESTO NON FUNZIONA, QUESTA PUÒ ESSERE UNA HIT, MA NON CON QUESTO TESTO.
FORSE NE HO UN ALTRO CHE POTREBBE ANDARE BENE...
RIMANDA DA CAPO, PER FAVORE.
BALLIAMO SUL MONDO
VA BENE QUALSIASI MUSICA
CADREMO BALLANDO
SUL MONDO LO SAI SI SCIVOLA
FACCIAMO UN FANDANGO, OH OH
LÁ SOTTO QUALCUNO RIDERÀ
BALLIAMO SUL MONDO!

NON HAI MAI VOGLIA DI TORNARE?
NO.

E NON SEI CONTENTO?
SÌ, CERTO, MA SE NON ANDASSE?
FARAI ALTRO... COME HAI SEMPRE FATTO, NON SEI UNO A CUI MANCHI LA VOGLIA DI LAVORARE.
PRIMIERA!
BE', COM'È ANDATA?
EEEEEEEEEHHHH!!!

CIAO VICKY.
CIAO.
DOVE SUONI QUESTA SERA?
MODENA, MI APPOGGIO UN ATTIMO SUL DIVANO CHE NON MI SENTO GRANCHÉ.
40,5!

PIER VITTORIO TONDELLI - ALTRI LIBERTINI

OK, RAGAZZI, CONTINUIAMO DOMANI CON LE ORECCHIE FRESCHE.
QUANTE COPIE VENDEREMO SECONDO VOI?
SECONDO ME 10.000!
CALMINO... MAGARI 10.000...
LUCIANO, MA *URLANDO CONTRO IL CIELO?*
BAR MARIO
SOGNI DI ROCK N ROLL
RADIO RADIANTI
QUESTO NON È IL DISCO PER LEI.
MA È UNO DEI PEZZI MIGLIORI CHE ABBIAMO!
LO SO, MA QUESTO DISCO NON È IL POSTO GIUSTO.

MAGGIO, 1990.
LIGABUE
BALLIAMO SUL MONDO POSSIAMO ANCHE SENZA MUSICA CADREMO BALLANDO NESSUNO PERÒ SI FERIRÀ
FACCIAMO UN FANDANGO LÀ SOTTO QUALCUNO APPLAUDIRÀ BALLIAMO SUL MONDO

IL VINCITORE DEL DISCO VERDE...
...PER LE NUOVE PROPOSTE...
NE SENTIREMO PARLARE ANCORA A LUNGO: LIGABUE!!!
FAI COME VUOI, MA FAMMI SUONARE, SEMPRE!
AFFARE FATTO!

LIGABUE SORPRESA DELL'ANNO.
LIGABUE AL PRIMO POSTO IN CLASSIFICA.
LA NUOVA STELLA DEL ROCK ITALIANO SI CHIAMA LIGABUE.
AL VIA IL *NEVER ENDING TOUR* DI LIGABUE.
TOUR 90

SANREMO, 1991.
MA CHE SENSO HA IL PLAYBACK?
LUCIANO, ANDIAMO A CENA, GLI ALTRI SONO TUTTI LÌ.
E ANDIAMO A CENA...
UN BRINDISI A QUESTO DISCO D'ORO!
SONO IL DISCOGRAFICO, NON SI PREOCCUPI, PAGHIAMO TUTTO...

JUST MARRIED

MAX, NEL DISCO VOGLIO FARE UN BRANO CON UNA CHITARRA CON IL *GLASS SLIDE*, COME LA SUA, O LA FAI TU... O CHIEDÒ DIRETTAMENTE A RY COODER.
MI TOCCHERÀ IMPARARE, SENNÒ MI RIMPIAZZI, MA HAI UN PEZZO ADATTO?
NE HO UNO CHE POTREBBE CHIAMARSI *L'OMBRA DELLO SCORPIONE*.
E INVECE SI CHIAMA?
LO SCOPRIRAI DOMANI IN STUDIO.

"L'AMERICA CHE CANTO IO È QUELLA CHE NON C'È. È LA TERRA DEL SOGNO CHE HAI DENTRO DI TE, CHE NON OCCORRE ANDARE A VEDERE PERCHÉ SENNÒ SMETTEREBBE DI ESSERE TUA, DI ESSERE UN SOGNO..."
"IO SO BENISSIMO CHE L'AMERICA NON È UNA TERRA PROMESSA, MA È UN MITO COMODO, A PATTO DI NON ANDARCI, IN QUEL CASO NON È PIÙ UN SOGNO MA UN RICORDO, CHE POTREBBE RIVELARSI ANCHE DELUDENTE."
POLICE
POLICE

MA CI SARÀ UN SOUVENIR CHE CI RIPORTERÀ SOLO CERTI MOMENTI E SARÀ UN BEL SOUVENIR UNA FOTOGRAFIA UNA CANZONE FRA I DENTI
MA CI SARÀ UN SOUVENIR CHE CI COMMUOVERÀ FINO A FARCI CONTENTI TIENITI IL TUO SOUVENIR DA METTERE POI VIA RIDICENDOTI "AVANTI"
PERCHÉ VUOI TORNARE?
PERCHÉ È INUTILE URLARE CONTRO IL CIELO.
STRINGIMI DI PIÙ.
PRIMA DI PERDERCI FORSE CI SENTONO LASSÙ È UN PO' COME SPUTARE VIA IL VELENO URLANDO CONTRO IL CIELO CONTRO IL CIELO CONTRO IL CIELO CONTRO IL CIELO

LUCIANO, CONOSCI IL MONTREUX JAZZ FESTIVAL?
CERTO, È UNO DEI PIÙ PRESTIGIOSI JAZZ FESTIVAL DEL MONDO.

QUEST'ESTATE SUONERAI LÌ.
MA IO NON SUONO JAZZ.
HA VERAMENTE IMPORTANZA? E POI È DA UN PEZZO CHE NON FANNO SOLO JAZZ.
DOVREBBERO CAMBIARE IL NOME ALLORA.

C'È LA QUESTIONE DEL CLUB TENCO, VORREBBERO CHE TU COLLABORASSI CON LORO. QUEST'ANNO IL PREMIO È ASSEGNATO A VLADIMIR SEMËNOVIČ VYSOCKIJ, DOVRAI STUDIARE!
NEL SOGNO UN GRAN FALÒ E BRUCIO NE MIO SOGNO ASPETTA UN PO' COL SONNO POI IL SENNO ARRIVERÀ MA ALL'ALBA NIENTE VA NO, NESSUNO DANZA TI ALZI, FUMI, E BEVI UN PO' PER SMALTIR LA SBRONZA

TRA L'ALTRO, LUCIANO, VORREI CHE ASCOLTASSI QUESTA BAND.
TIMORIA
UN PAIO DI GIORNI DOPO. STESSO UFFICIO, STESSI CAFFÈ...
A PROPOSITO DI QUELLA BAND, VORREI CHE INCIDESSERO UN MIO BRANO, PRODOTTO DA ME.
QUALE?
MALE NON FARÀ ... E VORREI ANCHE CHE VENISSERO IN TOUR CON ME A FARMI DA SPALLA.
NE SARANNO ENTUSIASTI.

HEI BELLA, NON TI VEDO BENE QUALSIASI COSA, NON LASCIARTI ANDARE, SON QUA, SE VUOI SON QUA
PARLIAMONE DAI TI POSSO OFFRIRE UNA BOTTIGLIA E SPALLE LARGHE, PORTA QUA TI POSSO OFFRIRE UNA BOTTIGLIA E SPALLE LARGHE, SPALLE LARGHE, SPALLE LARGHE SE VUOI SON GUAI, LA CHIAVE CE L'HAI NON SARÀ GRATIS MA TU PASSA ALLA CASSA CON L'AMORE CHE PUOI NON SARÀ GRATIS
MA TU PASSA ALLA CASSA E POI, CASSA E POI, CASSA E POI APPOGGIATI A ME, CHE CI DOVESSE ANDAR MALE CADREMO INSIEME, E INSIEME SAPREMO CADERE
APPOGGIATI A ME, CON LA PESANTEZZA DEL CUORE DAI, DECIDITI CHE MALE NON FARÀ

RAGAZZI, VI VOLEVO INFORMARE CHE *COLTELLI ROSE LAMBRUSCO E POP CORN* VA VERSO IL QUINTO DISCO DI PLATINO!
COME FESTEG-GIAMO?
CON UN BEL RADUNO CON I FAN, A REGGIO EMILIA, POI CI FERMIAMO UN PO' CHE DOVETE SCRIVERE E REGISTRARE IL NUOVO ALBUM...
E POI NON CE LA FACCIO PIÙ A STARE IN GIRO CON VOI!

HO MESSO VIA UN BEL PO' DI COSE, COSÌ TANTE CHE MI SEMBRA NON CI SIA NIENTE DI INDISPENSABILE...
MA IN NESSUN CASO SAREI RIUSCITO A METTERE VIA TE.
SPESSO MI CHIEDO SE SIA TUTTO QUI, POI TI GUARDO E SONO FELICE, PERCHÉ ANDARE VA BENE, MA SERVE UN MOTIVO, E IL MIO MOTIVO SEI TU!
MI SONO SEMPRE SENTITO FUORI POSTO, MA CON TE...
NON FINISCI LA FRASE? HAI PERSO LE PAROLE?
NON ANCORA.

SEI SIMPATICO AGLI ANIMALI.
È UNA QUALITÀ UTILE, È TUTTO UNO ZOO QUI.
È UNA BELLA SERATA, DI QUELLE IN CUI È BELLO AVERE UN CANE DA PORTARE FUORI.
IO PORTO FUORI I PENSIERI.

PREOCCU-
PAZIONI?
HO SOLO UN SACCO DI COSE DA SCRIVERE E POCO TEMPO PER FARLO.
LE PAROLE SONO COME LE MAGIE, SEMBRANO VENIRE DAL NULLA, MA SAPPIAMO IL DOVE E IL COME.
ESISTE LA MAGIA?
CERTO, PENSA A UN NUMERO...
FATTO!
SETTE, GIUSTO?
MA COME...
MA QUESTA È FACILE, UNA VOLTA ME NE È RIUSCITA UNA... MA C'ERA SOLO LUI PER PUBBLICO...

BAR MARIO
QUELLO RIDEVA DI ME, MA DOMANI...

CUBA
E BASTA! CAMBIALA LA CANZONE!!!

FORSE SE PASSO SUL SOL È MEGLIO...

E QUI CHE CI METTO? UN INCISO STRUMENTALE?
HO BISOGNO D'ARIA.
VORREI ARRANGIARE CON LA TUA ARMONICA UN MIO BRANO.
?

AVETE DATO UNA BELLA STERZATA COL SUONO!
I CLAN DESTINO HANNO FATTO UN LAVORO ENORME SUGLI ARRAN-GIAMENTI!
FORSE ANCHE TROPPO... ANDIAMO A MANGIARE QUALCOSA?

SEI CONTENTO DI COME STA VENENDO FUORI IL NUOVO ALBUM?
PENSO SIA IL MIGLIORE DI QUELLI INCISI FINORA, È FORTE NON SOLO NEI SUONI, MA ANCHE NEI TEMI.
VERO, DA QUELLO CHE HO SENTITO È SCRITTO MOLTO BENE.
CI SONO STORIE VERE DENTRO... VERE O VEROSIMILI...
VALERIO, TI CONOSCO TROPPO BENE, DI COSA MI VUOI PARLARE?

CI PENSO DA UN PO'... PERCHÉ NON FONDIAMO UN'ETICHETTA?
VALERIO, LO SAI CHE MI PIACEREBBE, MA STO FACENDO CENTO DATE L'ANNO E QUANDO NON SUONO VOGLIO STARE CON LA FAMIGLIA O ANDARE A SENTIRE I CONCERTI.
PROPRIO PER QUESTO, QUANTA BELLA MUSICA C'È LÌ FUORI? NON TI ANDREBBE DI AIUTARE QUELLI CHE NON RIESCONO AD AVERE SPAZIO?
CE NE SONO TANTISSIMI...
SE LA CHIAMASSIMO METZCAL?
COME IL LIQUORE?
OPPURE MESCAL, PIÙ DIRETTO.
AFFARE FATTO.

FRATELLI
DI
FORTE
RIPORTANDO TUTTO A CASA
BELLUZZI
SONO NOTE INUTILI?
della mano
i bordi

RING RING
SIAMO STATI CONVOCATI TUTTI DA ANGELO.
CHE ARIA TIRA?
PESSIMA.
SONO USCITI I PRIMI REPORT DI VENDITA?
LUCIANO, POTREBBE ESSERE UN ALBUM CHE CARBURERÀ PIÙ LENTAMENTE...
MAGARI COL TOUR PROMOZIONALE...

NON VA, IL DISCO NON VA!
FORSE SERVE DEL TEMPO...
NO, SERVIVA UN ALTRO DISCO, TROPPO DURO, TROPPO INTROVERSO.
LE CANZONI SONO BELLE, DIRETTE, ONESTE.
E NON VENDONO NIENTE, NON GIRANO IN RADIO E IL BOOKING HA DIFFICOLTÀ.
DEVE SOLO INIZIARE IL TOUR, POI PRENDERANNO IL VIA, LE CANZONI E LE DATE.

100 PAGANTI?
ABBIAMO SBAGLIATO QUALCOSA...
ABBIAMO SBAGLIATO UN DISCO, NON QUALCOSA!
LUCIANO, IL DISCO È BELLO!
TUMP!
È IL MIGLIORE CHE ABBIAMO REGISTRATO FINORA!
ALLORA CE LO POSSIAMO ASCOLTARE A CASA, VISTO CHE IN GIRO COSÌ NON CI ANDIAMO PIÙ, NON CI PAGHIAMO NEMMENO LA PRODUZIONE!
RAGAZZI, DIAMOCI TUTTI UNA CALMATA, UN PASSO FALSO CI PUÒ STARE, È MEGLIO SE CI PRENDIAMO UN PO' D'ARIA.
GIUSTO MAIO, INIZIO IO...

CI HAN CONCESSO SOLO UNA VITA SODDISFATTI O NO QUA NON RIMBOR-SANO MAI E CALENDARI A CHIEDERCI SE STIAMO PRENDENDO ABBASTANZA, ABBASTANZA
SE PER OGNI SBAGLIO AVESSI MILLE LIRE CHE VECCHIAIA CHE PASSEREI STRADE TROPPO STRETTE E DIRITTE PER CHI VUOL CAMBIAR ROTTA OPPURE SDRAIARSI UN PO' CHE ANDARE VA BENE, PERÒ A VOLTE SERVE UN MOTIVO UN MOTIVO CERTI GIORNI CI CHIEDIAMO: "È TUTTO QUI?" E LA RISPOSTA È SEMPRE SÌ!
NON È TEMPO PER NOI CHE NON CI SVEGLIAMO MAI ABBIAM SOGNI PERÒ TROPPO GRANDI E BELLI SAI BELLI O BRUTTI ABBIAM FACCE CHE PERÒ NON CAMBIAN MAI NON È TEMPO PER NOI E FORSE NON LO SARÀ MAI
SE UN BEL GIORNO PASSI DI QUA LASCIATI AMARE E POI SCORDATI PRESTO DI ME CHE QUEL TEMPO È GIÀ BUONO PER AMARE QUALCHEDUN'ALTRO, QUALCHE ALTRO DICONO CHE NOI CI STIAMO BUTTANDO VIA MA SIAM BRAVI A RACCOGLIERCI
NON È TEMPO PER NOI CHE NON CI ADEGUIAMO MAI FUORI MODA, FUORI POSTO INSOMMA SEMPRE FUORI, DAI ABBIAM DONNE PAZIENTI, RASSEGNATE AI NOSTRI GUAI NON È TEMPO PER NOI E FORSE NON LO SARÀ MAI
NON È TEMPO PER NOI CHE NON VESTIAMO COME VOI NON RIDIAMO, NON PIANGIAMO, NON AMIAMO COME VOI FORSE INGENUI O TESTARDI POCO FURBI, CASOMAI

MA SEI SEMPRE FUORI CON IL CANE?
LAVORAVO LA NOTTE, NON MI RIABITUERÒ MAI AL GIORNO.
UN GIORNO MI RACCONTERAI LA TUA VITA.
CHISSÀ, FORSE BASTEREBBE LA MIA MAGIA PIÙ BELLA... COSA C'È CHE NON VA?
HO VISSUTO UN SOGNO, MA MAGARI MI SONO SVEGLIATO.
O FORSE HAI SOLO BISOGNO DI UN PO' DI TEMPO PRIMA DI RITORNARE A SOGNARE. VIAGGIARE AIUTA SEMPRE, DA QUALCHE PARTE UNO SI RITROVA.

LUCIANO, E SE RACCOGLIESSIMO UN PO' DI REGI-STRAZIONI PER I FAN?
QUALI FAN?
NON PIANGERTI ADDOSSO, NON È DA TE!
NON LO SO, MAIO, FORSE DOVREI FARE ALTRO, MAGARI IL VIGNETTISTA...
OTTIMO, SARANNO IL LIBRETTO DEL CD!
CI PENSERÒ...

AL PENSIERO DI SMETTERE MI SENTO MALE!
E CHI TI HA DETTO DI SMETTERE?
ALBUM E TOUR SONO STATI UN DISASTRO, NON HO PIÙ UN PRODUTTORE, NÉ UNA BAND!
FARAI UN DISCO CHE ANDRÀ MEGLIO, E POI C'È LA FILA PER SUONARE CON TE, E NON FARAI FATICA A TROVARE UN PRODUTTORE. I TUOI RISULTATI PARLANO PER TE.
LUCIANO... LO VUOI UN GRATTA E INFILA?

NEMMENO A FARE COSÌ, PERÒ, EH... CHIEDERE È LECITO...
MA GLIELO LASCI FARE?
TANTO NON LI COMPRA PIÙ NESSUNO...
TU CI CREDI, LUCIANO, HAI SEMPRE AVUTO QUESTO SOGNO. NON LO LASCIA-RE, PERCHÉ C'È DENTRO TUTTO IL NOSTRO MONDO, NON SOLO IL TUO. IL NOSTRO!

I RISULTATI ELETTORALI DI QUESTO 1994...
NON DOVEVI USCIRE? A CHE ORA TORNI?
DIPENDE... A CHE ORA È LA FINE DEL MONDO?

TI RICHIAMO DOPO.
MAIO, CI HO PENSATO, DEVO REGISTRARE UN BRANO...
OTTIMO!
...POLITICO!

LUCIANO, IO LO SO COME LA PENSI, QUA TIRA UNA BRUTTA ARIA...
APPUNTO! PROPRIO PER QUESTO LO DEVO FARE.
MAGARI È L'OCCASIONE PER METTERE INSIEME QUEI BRANI SPARSI CHE ABBIAMO...
MI VUOI DIRE CHE LA MIA IDEA DI CONCEPT NON VA BENE?
NO, PIUTTOSTO CHE NON HA SENSO FERMARCI, CI ABBIAMO MESSO ANCHE TROPPO A RIPARTIRE!

Ligabue
a che ora è la fine del mondo?

È STATO PIÙ FUORI DI TESTA ANDARE O TORNARE?
RESISTEREMO?
NON LO SO, SO SOLO CHE SIAMO QUI... NE SONO QUASI CERTA!

LAMBRUSCO & POP CORN
E VIA SOPRAVVIVERE
ANDATA E RITORNO
CLASSE TRE
MA ALMENO È
POSSIBILE -SIBILE
CHE POSTO CE N'È,
POSTO CE N'È
GIRA, GIRA, GIRA,
GIRA, GIRA, GIRA,
VIVERE VIVERE
TANTO TORNI
QUA

TI RENDI CONTO CHE VOLEVI SMETTERE?
SENZA IL PALCO NON CI SO STARE... LA LORO ENERGIA...
ADESSO BISOGNA FARE UN *GRANDE* DISCO.
ADESSO BISOGNA FARE IL DISCO *GIUSTO*.

JEFF BUCKLEY
A CORREGGIO.

CHISSÀ PERCHÉ NON VIVE A MEMPHIS? LA SUA MUSICA HA DENTRO TUTTA L'AMERICA... E NON SOLO!
FORSE DOVREI ANDARCI ANCHE IO...

NEIL YOUNG - CORTEZ THE KILLER

CERTO CHE SI STA BENE SEDUTO IN RIVA A UN FOSSO...

RAMENGO... MA CHE CI FAI QUI?
AH, QUESTA CASA HA UN TETTO BELLISSIMO!
AH! OK... IO... CIAO, RAMENGO, VADO, STAI ATTENTO, EH!

La Gazzetta dello Sport
chi prende L'INTER
DOMANI CONOSCERÒ LA NUOVA BAND.
SEI CONTENTO?
NON LO SO.
La Gazzetta dello Sport
chi prende L'INTER
LO SCOPRIRAI DOMANI.
SEMPRE MENO SPAZIO AL CICLISMO...
La Gazzetta
HO COME LA SENSAZIONE CHE SE QUALCOSA DEVE SUCCEDERE, IL MOMENTO È ADESSO.
LUCIANO, È UN PEZZO CHE SUCCEDONO COSE.

SCUOLA ELEMENTARE
IL POSTO MIGLIORE PER RICOMINCIARE... DALLE BASI.

LA PRESIDE È UNA TUA GRANDE FAN E LA SCUOLA SARÀ CHIUSA PER DIVERSE SETTIMANE, PROSSIMO PASSO: LO STUDIO.
INIZIEREI DA *VIVO O MORTO X*...
ABBIAMO STUDIATO I TUOI PROVINI, E PARTIREMMO CON LA SOLA BATTERIA, E POI IL TUO RIFF, CHE HA UN GRAN BEL TIRO!

NATO DA UN SOSPIRO O DA UN TEMPORALE
L'OSTETRICA TI BATTE E NON TI CHIEDE COME VA
BEH BENVENUTO QUI FRA LUCE E CONFUSIONE
NESSUNO CHE TI HA CHIESTO SE VOLEVI SE VOLEVI USCIR DI LÀ, LÀ
T'HA DETTO COS'È BENE E T'HA SPIEGATO IL MALE
SI SAPPIA REGOLARE PRIMA O POI C'È L'ALDILÀ

OK RAGAZZI, IL MIX È FINITO, SIAMO IN RITARDO CLAMOROSO... ADESSO CI ASCOLTIAMO IL DISCO TUTTI INSIEME PER LA MILLESIMA VOLTA.
E POI DOMANI E TRA UN PAIO DI GIORNI, CON LE ORECCHIE PIÙ RIPOSATE.

FERMI TUTTI... DEVO FARE UNA *TAKE* AL VOLO.
C'È UNA VOCE CHE NON TI PIACE?
NO, NO, UN PEZZO NUOVO.
MA QUANDO L'HAI SCRITTO?
ADESSO!

CI SON MACCHINE NASCOSTE
E PERÒ NASCOSTE MALE...

IL CAVALIERE
CHE LE VEDI DONDOLARE AL RITMO DI CHI È LI DENTRO PER POTERSI CONSOLARE GODENDO SUI CLACSON FRA I FANTASMI DI ELVIS

CI SON NUVOLE IN CERTE CAMERE E MENO OMBRELLI DI QUEL CHE PENSI
LIGABUE

LO SAPETE COS'HA IN TESTA IL MAGO WALTER QUANDO IL TRUCCO GLI RIESCE E NON PENSA PIÙ A NIENTE

E LE SENTI LE VENE PIENE DI CIÒ CHE SEI E TI ATTACCHI ALLA VITA CHE HAI

E TI VEDI CON UNA
CHE FA IL TUO
STESSO GIRO
E TI SENTI IL DIRITTO
DI SENTIRTI LEGGERO

LEGGERO, NEL VESTITO MIGLIORE
SENZA ANDATA NÉ RITORNO,
SENZA DESTINAZIONE
LEGGERO, NEL VESTITO MIGLIORE
SULLA TESTA UN PO' DI SOLE
ED IN BOCCA UNA CANZONE

DOVE PASSERÀ LA BANDA
COL SUO SUONO FUORI MODA
COL SUO SUONO UN GIORNO
UN PO' PESANTE
UN GIORNO INVECE TROPPO
LEGGERO

C'È QUALCUNO CHE URLA PER UN ADDIO AL CELIBATO PER UNA BOTTA DI VITA CON UNA TROIA AFFITTATA
E LE SENTI LE VENE PIENE DI CIÒ CHE SEI E TI ATTACCHI ALLA VITA CHE HAI

LEGGERO, NEL VESTITO MIGLIORE SENZA ANDATA NÉ RITORNO, SENZA DESTINAZIONE LEGGERO, NEL VESTITO MIGLIORE SULLA TESTA UN PO' DI SOLE ED IN BOCCA UNA CANZONE

CHE VE NE PARE?
È BELLISSIMA! CI METTEREI SOLO UN CRESCENDO FINALE.
OK, MA DOMANI, CHE ADESSO SIAMO TUTTI STANCHI.

HO BISOGNO DI CAMMINARE.

TI VEDO STANCO, MA SERENO.
HO CHIUSO IL NUOVO DISCO... ANCHE TU MI SEMBRI CONTENTO.
MI È RIUSCITA UNA MAGIA CHE NON MI VENIVA DA UN PO'...
... LUI È TESTIMONE!
DEVE ESSERE UNA BELLA MAGIA.
LA MAGIA PIÙ GROSSA... COM'È IL TUO DISCO?
È COME CERTE NOTTI, QUANDO VA TUTTO PER IL VERSO GIUSTO E TI SENTI... LEGGERO.

FINE

Note e ringraziamenti

di Nicholas Ciuferri

Intorno alla metà degli anni novanta frequentavo le superiori in un istituto enorme nei Castelli Romani, e all'inizio di un dicembre ho scoperto l'esistenza di quelle forme di protesta che erano l'occupazione e l'autogestione. Non saprei dire per cosa protestassimo (ma col senno di poi, avevamo tutte le ragioni per farlo), però per me, che tutto sommato amavo la scuola, dicembre era improvvisamente diventato un mese bellissimo perché c'era quell'aria di ribellione e di conquista di spazi che non ci appartenevano, c'era la sensazione tipica dell'adolescenza che tutto fosse possibile.

In quel periodo, in maniera totalmente casuale mi ero emancipato musicalmente dagli ascolti che si facevano in casa, avevo scoperto il rock, il metal, il grunge, generi che mi erano arrivati sotto forma di cassette e cd che circolavano sottobanco, che giravano di mano in mano nei capannelli a ricreazione o prima o dopo la scuola, quando bastava avere capelli lunghi e orecchini per far parte di un insieme.

Ecco, mentre scoprivo e ascoltavo Iron Maiden, Metallica, Soundgarden e quant'altro, nel mio primo dicembre di scuola superiore vedo un corso autogestito su *Buon Compleanno Elvis*, disco di un certo Luciano Ligabue, che l'etichetta della mia sottocultura voleva che evitassi, ma delle etichette ormai mi importava già molto poco, se si parlava di musica io volevo ascoltare e poi giudicare. Così, mi sono ritrovato in un'aula gestita da adolescenti che analizzavano i testi e le musiche del cantautore di Correggio. In quel momento la mia formazione musicale ha subito un'altra sterzata per il semplice fatto che i testi li capivo, non dovevo cercare il libretto e poi darmi da fare col dizionario (con la frustrazione delle espressioni idiomatiche o gergali), non dovevo andare in libreria e sperare di trovare un volume con i testi e le traduzioni, perché quelli di Ligabue erano immediati e potevo riconoscermi nelle sue storie.

Quest'ultimo fatto era a tratti sconvolgente, i suoi racconti erano ambientati altrove, venivano da un uomo con cui c'era una differenza generazionale importante, eppure con quelle canzoni parlava anche a me. È cominciato così un percorso a ritroso con cui ho scoperto le altre canzoni (e le altre storie) che mi hanno accompagnato negli anni, ho scoperto i personaggi e spesso li ho ritrovati nelle persone che ho incontrato. Particolare e universale, un gioco difficile e bellissimo.

Quando all'inizio del 2021 ho chiamato il mio editore per proporgli un soggetto su cui da anni raccolgo materiale per quella che volevo fosse la mia prima graphic novel, mi sono sentito rispondere: "È una bellissima idea, ma è già in lavorazione con un altro autore...", ho avuto una sensazione di frustrazione subito stemperata dal "...che ne pensi di Ligabue? Dobbiamo mandare al suo staff un soggetto e tu, che sei sempre tra musica e narrativa, potresti essere la persona giusta." Nel giro di poche ore avevo un soggetto, e nel giro di pochi giorni era stato approvato e ho potuto iniziare immediatamente la stesura della sceneggiatura.

La mia idea era quella di raccontare come un ragazzo venuto dal niente potesse arrivare al successo continentale tramite lavoro e dedizione (e un paio di colpi di fortuna). La storia di Ligabue è una storia bellissima perché dimostra quanto il lavoro e la passione possano portare lontano, ed è un messaggio importante in un momento storico caratterizzato dalla disillusione e dall'approssimazione. Il percorso umano, artistico e lavorativo di Luciano Ligabue è un messaggio che dice: "Provaci con tutto te stesso, puoi riuscire o meno, ma non lasciare nulla di intentato è l'unico antidoto ai rimorsi", che richiama il "Try again. Fail again. Fail better" di Samuel Beckett. In più ho avuto la fortuna di poter inserire altri elementi narrativi che sono presenti nell'opera di Ligabue o nei racconti che lo riguardano: si possono trovare personaggi, luoghi o cose che appartengono alle sue canzoni (Lui e Lei, Veleno, Walter, il Commendatore, il Cavaliere, ma anche il biliardino, le lepri e molti altri), si può vedere Mario con le fattezze di Guccini in *Radiofreccia,* o Max Collini che lavora all'Arci di Cavriago dove Ligabue passava qualche serata, o un emergente Capossela, fino al gigantesco Tondelli che abita nell'appartamento al piano superiore... Ci sono storie che si intrecciano: quella di Ligabue, quelle dei suoi personaggi, quelle che raccontano di lui, ci sono elementi che vengono dalle sue canzoni, dai film, dai libri, c'è tutto un universo di storie e di mondi che si intersecano, e per uno che lavora con le storie è semplicemente fantastico.

Come dicevo, questa è la mia prima graphic novel, e mi si è aperto un mondo che è quello della sceneggiatura, piuttosto sconosciuto a essere onesti, quindi la prima cosa che ho fatto (prima ancora di valutare l'opzione di cercare su *google* "come si scrive una sceneggiatura"), è stata una delle cose più belle che si possa fare: chiedere a un amico, e siccome ho la fortuna di conoscere piuttosto bene Matteo Mammucari, mi sono beccato un corso accelerato e privato con tanto di trucchetti del mestiere. Quindi se a qualcuno leggendo non fosse piaciuta la sceneggiatura, mi prendo le mie responsabilità dicendo che è colpa sua.

Mi è stata estremamente utile tutta la letteratura su Luciano Ligabue, ora ho una sezione della mia biblioteca interamente dedicata a lui, meno affascinanti per un bibliofilo ma non meno fondamentali sono stati i siti, le videointerviste e tutto il materiale presente online; siamo una generazione abituata ad avere tutto e subito, ma dietro i contenuti accessibili con un semplice click c'è sempre un grandissimo lavoro che troppo spesso viene dato per scontato e dovuto.

Ho avuto la fortuna di conoscere Federico Poggipollini, che ha scritto la bellissima introduzione e che si è dimostrato di una gentilezza e una disponibilità incredibile, tant'è che probabilmente condivideremo qualche palco insieme (quanto non vedo l'ora!).

BeccoGiallo mi ha affidato questo lavoro e ne sono stato entusiasta da subito, inoltre ho avuto la possibilità di collaborare con artisti e professionisti incredibili, da Simon Panella ai disegni, ad Alice Berti ai colori e Alberto Polita alla supervisione.

Da qualche tempo sto registrando un disco di canzoni (chi conosce *I Racconti delle Nebbie* capisce perché lo specifico), al netto di pandemie, lockdown e altri simpatici imprevisti, dovrei riuscire a terminarlo con quelle persone splendide che sono: Paolo Bergese, Giorgio Prandino, Michele Cera e Andrea Angeloni, non vedo l'ora che inizi il nostro primo tour.

Di questo libro ne ho parlato ampiamente anche con tutto il collettivo di *Maledetti Cantautori* che abbraccio con sempre maggior affetto: Davide Combusti (The Niro), Nathalie, Riccardo Tesio, Cristiano Godano, Andrea Angeloni, Pit Coccato, Eugenio Rodondi, Carsico, Matteo Dicembrio e Daniele Celona con cui ho avuto la fortuna di condividere palchi, ore in macchina, chiacchiere e tante, tantissime risate.

Le parole e la musica avvicinano, creano legami forti che non si dissolvono mai del tutto, per quanto possano sembrare flebili in alcuni momenti. *I Racconti delle Nebbie* hanno segnato un inizio a cui nessuno ha mai realmente messo la parola fine.

La mia famiglia, senza la quale non sarei la persona che sono, ha da sempre un posto speciale e, nonostante i chilometri che ci separano, non mi sento mai lontano.

Francesca e Damien, per lasciarmi senza parole, per farmi crescere e capire, per spingermi ad essere il più vicino possibile alla persona che vorrei essere.

LEGGERO, NEL VESTITO MIGLIORE
SENZA ANDATA NÉ RITORNO,
SENZA DESTINAZIONE
LEGGERO, NEL VESTITO MIGLIORE
SULLA TESTA UN PO' DI SOLE
ED IN BOCCA UNA CANZONE

LO SAPETE COS'HA IN TESTA IL MAGO WALTER QUANDO IL TRUCCO GLI RIESCE E NON PENSA PIÙ A NIENTE

Nicholas Ciuferri
Scrittore e poi altre cose. Musica in testa e un biglietto sempre in tasca (Concerti? Viaggi? Poco importa e forse non cambia nemmeno molto). Negli ultimi anni ha fondato i progetti di musica di narrazione *I Racconti delle Nebbie* e *Maledetti Cantautori*, una casa editrice e un'etichetta discografica, ha scritto alcuni libri ed è salito su palchi per un numero imprecisato di spettacoli. È docente in una città italiana in riva al mare, dopo aver studiato e fatto ricerca in un'isola del Nord Europa per poi tornare in Italia e insegnare tra i monti dell'Appennino per un po'. Ha sviluppato la consapevolezza che la vita fa (fare) giri strani.

Simon Panella
Classe 1977, vercellese residente a Padova. Esordisce con Self Comics, etichetta indipendente che ha rivoluzionato il modo di fare fumetti autoprodotti in Italia. Per Edizioni BD ha pubblicato *Il palafreniere indisciplinato*. Dal 2018 sul suo profilo Instagram *Le donnine del giorno* pubblica quotidianamente il disegno di una ragazza, omaggio alla bellezza femminile nei generi più disparati. Ha collaborato con la rivista *Focus* per la sezione *Comics&Science* e al progetto Nastro Azzurro Photoblast con *2night*. È tra gli autori di *Comic Tiramisù*, volume antologico a fumetti edito da Zanetti. Nel 2021 ha disegnato uno dei capitoli della graphic novel *Rumatera. Imbrecanati nello spaziotempo* (BeccoGiallo).

Unplugged è un progetto di BeccoGiallo Srl
che unisce la musica al fumetto.

Nella stessa collana:
Pinguini Tattici Nucleari a fumetti
Murubutu. RAPconti illustrati
Rovere. Disponibile anche a fumetti
Fast Animals and Slow Kids. Come reagire al presente
Rumatera. Imbrecanati nello spaziotempo
Ensi. Santuario 2105

BeccoGiallo
Direzione editoriale: Guido Ostanel e Federico Zaghis
www.beccogiallo.it | info@beccogiallo.it

Supervisione e editing: Alberto Polita
Soggetto e sceneggiatura: Nicholas Ciuferri
Disegni: Simon Panella
Colori: Alice Berti
Lettering: Luca Vanzella

ISBN 9788833141732

Finito di stampare nel dicembre 2021

CERTO CHE SI STA BENE SEDUTO IN RIVA A UN FOSSO...